CONTENTS

FOREWORD

PART I:
ENGLISH – HAITIAN CREOLE
English Idioms

PART II:
HAITIAN CREOLE - ENGLISH
Haitian Creole Idioms

FOREWORD

The worst thing you can do is to translate an English sentence word for word into Haitian Creole (Kreyòl) except in rare occasions. For example, "Every man for himself" is "Chak moun pou tèt yo." In cases of idiomatic phrases and expressions, the translation will not make sense and may even be funny. For example, you would be embarrassed to translate "Ignorance is bliss" word for word as "Inyorans se paradi" because the Haitian Creole equivalent is "Sa je pa wè kè pa tounen."

This book aims to provide you common idioms or proverbs with their equivalents in the other language, English or Haitian Creole.

This book is intended for the general public and especially someone like you who is interested in translating commonly used idiomatic phrases and expressions in both languages.

The idioms are organized in alphabetical order and are followed by their equivalents in the other language. The first section lists them in English-to-Haitian Creole, and the second section, in Haitian Creole-to-English.

Thank you for your purchase.

PART I:
ENGLISH – HAITIAN CREOLE
English Idioms

A bad bush is better than the open field
"Pito dlo tonbe, kalbas pa kraze."

A bird in the hand is better than two in the bush
"Sak nan bouch pa konte se sak nan vant ki konte."
"Ou wè sa ou genyen, ou pa konn sa ou rete."

A bully is always a coward
"Ti chen gen fòs devan kay mèt li."

A clean conscience makes a soft pillow
"Moun ki manje piti tig pakab dòmi di."

A dime a dozen
"Yo pou piyay."

A drowning man will clutch at a straw
"Lè ou ap neye, ou kenbe branch ou jwenn."
"Lè ou pa genyen manman ou tete grann."

A fool and his money are soon parted
"Sòt ki bay, inbesil ki pa pran."

A friend in need is a friend indeed
"Se lè fiyèl mouri pou wè si li te genyen bon marenn."
"Fiyèl mouri, makomè kaba."

A good neighbor, a found treasure!
"Vwazinaj se dra blan."

A hog in satin is a hog no less
"Bourik toujou aji bourik."

A hungry man is an angry man
"Sak vid pa kanpe."
"Chen grangou pa jwe."

A kick in the teeth
"Bèf pa janm di savann mèsi."

A little knowledge is a dangerous thing
"Sa je pa wè kè pa tounen."

A lump in one's throat
"Genyen kè sere."

A man too careful of danger lives in continual torment
"Si chen rakonte ou sa li wè, ou pap janm mache nannwit."

A man warned is half saved
"Lagè avèti pa touye kokobe."

A miss by an inch is a miss by a mile
"Byen pre pa lakay."
"Byen pre pa rive."

A one eyed man is king among the blind
"Nan mitan avèg, bògn se wa."

A pebble and a diamond are alike to a blind man
"Lè marengwen ap vole, ou pa konn kilès ki fi, kilès ki gason."

A penny saved is a penny earned
"Koulèv ki vle gwo rete nan twou."

A person who represents herself has a fool for a client
"Doktè pa janm trete tèt li."
"Kouto pa janm grate tèt li."

A small leak can sink a great ship
"Ti bwa ou pa wè a, se li ka pete je ou."
"Ti kou ti kou pote lanmò."

A stitch in times saves nine
"Pye kout pran devan."
"Malè avèti pa touye kokobe."

Accidents happen
"Malè pa gen klaksòn."

Actions speak louder than words
"Nèg di san fè."

Add fuel to the fire

"Bat men akouraje chen."

After the feast comes the reckoning
"Aprè bal, tanbou lou."
"Aprè dans, tanbou lou."

All bark no bite
"Bri sapat."
"Chen ki jape pa mòde."
"Gwo van ti la pli."
"Ou tande bèf ale wè kòn."
"Si ou tande kout pete bourik ou pral touye li ak chaj."

All covet, all lose
"Anbisyon touye rat."

All hat no cow
"Bri sapat."
"Gwo van ti la pli."
"Ou tande bèf ale wè kòn."
"Si ou tande kout pete bourik ou pral touye li ak chaj."

All must come to an end
"Chak kochon gen samdi pa li."
"Nanpwen cho ki pa vin frèt."
"Nanpwen lapriyè ki pa gen Amèn."

All promises are either broken or kept
"Promès se dèt."

All strained animal bite
"Tout bèt jennen mòde."

All talk
"Matla te di plis pase sa, epi li kite payas monte li."

All talk and no action
"Nèg di san fè."

All that glitters is not gold
"Bèl dan pa vle di zanmi."
"Bèl lantèman pa vle di paradi."
"Bèl pawòl pa vle di verite."
"Gen bab pa vle di granmoun."
"Gwo tèt pa lespri."
"Vant plen pa gwòs."

All things come to those who wait
"Byen prese pa fè jou louvri."
"Twò prese pa fè jou louvri."

An empty barrel rattles the loudest
"Zwazo gra pa chante, se zwazo mèg ki chante."

An ounce of prevention is worth a pound of cure
"Evite miyò pase mande padon."

Anger without power is folly
"Krapo fè kòlè li mouri san dèyè."

Angry words fan the fire like wind
"Bat men ankouraje chen."

Any strained animal will bite
"Tout bèt jennen mòde."

As is the gardener so is the garden
"Sa chat konnen, se sa li montre pitit li."

As phony as a three-dollar bill
"Bonjou li pa laverite."

Ask for trouble
"Sak ki fè ou cho lap fè ou frèt."

At all costs
"Lajan fè Nèg monte maswife."

At the crack of dawn
"Depi douvanjou."

At the end of one's rope
"Mwen pa kapab ankò."

Avoid stepping into a great man's shoes
"Ti mapou pa grandi anba gwo mapou."

Bad blood between them
"Yo se lèt ak sitron."

Baldfaced liar

"Bonjou li pa laverite."

Bark up the wrong tree
"Mwen pa pitimi san gadò."

Bad break
"Gen devenn."

As a matter of course
"Se konsa bagay yo ye."

Barking dogs seldom bite
"Chen ki jape pa mòde."

Be at someone's beck and call
"Li se ti tioul li."

Be beyond shame
"Fè wont sèvi kòlè."

Be big hearted
"Genyen kè nan men."

Be fed up
"Mwen fatige avèk ou."

Be left holding the bag
"Yo pase sou mwen."

Be left out in the cold
"Yo lage mwen."

Be long in the tooth
"Genyen figi di."

Be on easy street
"Li nan bòl grès li."

Beat it!
"Rache manyòk la bay tè a blanch!"

Beauty is in the eyes of the beholder
"Makak pa janm kwè pitit li lèd."

Behind closed doors
"Anba levit fè nwa."

Bend over backwards
"Bouche nen ou pou ou bwè dlo santi."

Better a live coward than a dead hero
"Mapou mouri, kabrit manje fèy li."

Better be safe than sorry
"Atansyon pa kapon."
"Evite miyò pase mande padon."
"Evite pa kapon."

Better late than never
"Bout kouto miyò pase zong."

Better to bend than break

"Atansyon pa kapon."
"Evite miyò pase mande padon."
"Evite pa kapon."

Birds of a feather flock together
"Lajan al kay lajan."

Bite off more than you can chew
"Avan chen manje zo, li mezire machwè li."

Bite the hand that feed you
"Ou kouche sou do bèf la, wap pale li mal."

Bite your tongue
"Bouch manje tout manje, men li pa pale tout pawòl."

Bitter pill to swallow
"Bouche nen pou bwè dlo santi."

Bleed oneself white
"Bat dlo pou fè bè."
"Fè san soti nan wòch."

Blow hot and cold
"De kou nan bouda bourik la, de kou nan sakpay la."

Born under a lucky star
"Se pa maji, se don."

Bury the hatchet
"Kase fèy kouvri sa."

Busy bee
"Bourik chaje pa kanpe."

Butter would not melt in her mouth
"Li paka kase ze."
"Li se ti Jezi nan po krab."

Buyer beware
"Pa achte chat nan makout."

By candlelight every country wench is handsome.
"Lè marengwen ap vole, ou pa konn kilès ki fi, kilès ki gason."

Cash in one's chips
"Ale nan peyi san chapo."

Cash is king
"Lajan fè chen danse."
"Lajan fè moun rele chen papa pou zo."

Caveat emptor
"Pa achte chat nan makout."

Charity begins at home
"Danmijann poko plen, boutèy paka jwenn."

Clothes do not make the man

"Rad pa janm fè moun."

Come down a notch
"Mete dlo nan divin ou."

Come hell or high water
"Wè pa wè antèman pou katrè."

Come what may
"Jan li pase li pase."

Confess and be hanged
"Kout manchèt nan dlo pa kite mak."

Cost an arm and a leg
"Santi bon koute chè."

Count one's chicken before they hatch
"Sa ki nan bouch pa konte, se sa ki nan vant ki konte."

Crystal Clear
"Kreyòl pale, kreyòl konprann."

Curiosity kills the cat
"Pa fouye zo nan kalalou."

Curses, like chicken, come home to roast
"Madichon ou bay bèlmè ou se manman ou li rive."

Cut both ways

"Se kouto de bò."

Cut from the same cloth
"Se kòkòt ak figaro."

Cut your coat according to the cloth
"Kote fil fini, se la kouti fini."

Dance the night away
"Bwè kob ou."

Deeds are fruits, words are but leaves
"Konstitisyon se papye, bayonèt se fè."

Desperate times, desperate measures
"Lè ou pa gen manman ou tete grann."

Different strokes for different folks
"Chanje mèt, chanje metye."

Do not bite the hand that feeds you
"Sonje lapli ki leve mayi ou."

Do not cast your pearls before swine
"Pa mete tèt chen sou zòrye."

Do not cry over spilled milk
"Moun mouri pa konnen valè dra blan."

Do not judge someone until you have walked a mile in their shoes

"Wòch nan dlo pa konn doulè wòch nan solèy."

Do not look a gift horse in the mouth
"Se pa yon sèl jou bouch bezwen manje."

Do not make a mountain out of a molehill
"Byen mal pa lanmò."

Do not pee on my foot and tell me it is raining
"Pa pran kaka poul pou ze."
"Pa pran Nannan pou Sizann."

Do not put off for tomorrow what can be done today
"Pa tann lè dòmi nan je ou pou alè tann nat ou."

Do not rely on memory
"Memwa se paswa."

Do no shoot the messenger
"Komisyon pa chaj."

Do not step into a great man's shoes
"Kabrit pa mare nan pikèt bèf."
"Ti mapou pa grandi anba gwo mapou."

Do not take any wooden nickles
"Dlo lacho blanch, men pa li lèt pou sa."

Do not stop and kick at every dog that barks at you
"Se pa tout chen ki jape ou pou ou vire gade."

Do not throw out the baby with the bath water
"Dwèt ou santi ou paka koupe li jete."
"Pa pèdi founo pou yon sèl pen."

Do the crime, pay the time
"Bat chen an tan mèt li."

Drastic times call for drastic measures
"Mizè fè bourik pase pou chwal."
"Si ou pa gen manman ou tete grann."
"Si bòt la tro jis pou ou, mache pye atè."

Early ripe, early rotten
"Ze ki kale twò bonè, ti poul la pap viv."

Even a fish wouldn't get caught if he kept his mouth shut
"Kalbas gran bouch pa kenbe dlo."

Even a worm will turn
"Tout bèt jennen mòde."

Every family has at least one black sheep
"Move zèb ka leve toupatou."

Every man for himself
"Chak koukouj klere pou je li."

Every man has his price
"Yo rele chen papa pou zo."

Every path has a puddle
"Move zèb ka leve toupatou."

Experience is the best teacher / Experience is the father of wisdom
"Fòk ou pase maladi, pou ou konn remèd."

Failing to prepare is preparing to fail
"Ale antre nan batay san baton."

First (the) is the hardest
"Kòmansman chante se soufle."

For the labourer is worthy of his hire
"Merite pa mande."

Forewarned is forearmed
"Pye kout pran devan."
"Malè avèti pa touye kokobe."

Fox guarding the henhouse
"Mete chat veye bè."

Free and clear
"Gratis ti cheri."

Friendship is a two-way street
"Men ale, men vini zanmi dire."

Get a break

"Sa ou tap chèche anlè ou jwen li atè."

Get a grip
"Mete gason sou ou."

Give a dog a bad name and hang him
"Lè yo vle touye chen yo di li fou."

Get the short end of the stick
"Kote ki gen chèn pa gen kou."

Get what is coming to you
"De pi li chat li resi pran nan pèlin."

Give honor when honor is due
"Bwè dlo nan vè, respekte vè."

Give someone an inch and they'll take a mile
"Bay yo galery yo pran lasal."

God never sends mouths but He sends meat
"Bondye konn bay men li pa konn separe."

God will make a way
"Bondye pouse mouch pou bèf san ke."

God Willing
"Bondye bon."

Haste makes waste
"Twò prese fè ou bo sou nen."

Hasty climbers have sudden falls
"Sa ki fè ou cho a lap fè ou frèt."

Have one's head over one's shoulders
"Tèt li byen plase sou de zepòl li."

Have several irons in the fire
"Genyen twòp machinn dèyè nòs ou."

He bears misery best hides it most
"Se soulye ki konnen si chosèt gen twou."

He that goes borrowing, goes for a sorrowing
"Tanbou prete pa janm fè bon dans."

He who gives to another bestows on to himself
"Moun ki pa manje pou kont li pa janm grangou."

He who holds the ladder is as bad as the thief
"Moun ki di men koulèv la, se li ki touye li."

He who is afraid of leaves must not come into wood
"Makak pa jwe ak tig."

He who owns the gold makes the rule
"Gran nèg se leta."

He who represents himself has a fool for a client
"Doktè pa janm trete tèt li."

"Kouto pa janm grate tèt li."

Health before wealth
"Lasante se pi gwo richès."

Hear no evil, see no evil, speak no evil
"Pa konnen pa ale lajistis."

Hedge your bets
"De mèg pa fri."

Hindsight is better than foresight
"Lane pase toujou pi bon."
"Si mwen te konnen toujou dèyè."

Hold one's ground
"Pyas eka mwen pa bay pou pyas ven."

Honor your mother and father
"Bourik fè pitit pou do li poze."

Hope springs eternal
"Espwa fè viv."

Hunger finds no fault with moldy corn
"Nan tan grangou patat pa gen po."

Hungry people can not be entertained
"Chen grangou pa jwe."

Idle hands are the devil's tools

"Chita pa bay."
"Mache chèche pa domi san soupe."

Ignorance is bliss
"Sa je pa wè, kè pa tounen."

In the middle of nowhere
"Nan peyi pèdi."

In time of prosperity, friends are plenty.
"Lè ou genyen zanmi konnen ou."

In unity there is strength
"Yon sèl dwèt pa manje kalalou."

It is a piece of cake
"Sa se jwèt ti moun."

It is an inside job
"Chay sot sou tèt li tonbe sou zepòl."
"Se chat kay ki ap manje pay kay."

It is never too late to learn
"Li pa janm twòta pou chen anraje."

It is the thought that counts
"Bay piti pa di chich."

It is too good to be true
"Si kalmason te viann, se pa nan mitan chemen ou ta jwen li."

It takes one to know one
"Diab pa pè diab."

If you cannot stand the heat, stay out of the kitchen
"Bèf ki gen ke long pa janbe dife."

If you lie down with dogs, you will get up with fleas.
"Si ou kouche ak chen lap jete pis sou ou."

Jump from the frying pan into the fire
"Kouri pou lapli pou ou tonbe nan grand rivyè."

Keep something for a rainy day
"Manje ou sere se li ou chofe."

Knowledge is power
"Fòk ou konnen la pou ou ale la."
"Sa ou pa konnen pi gran pase ou."

Last straw that broke the camel's back
"Se dènye kou ki touye koukou."

Let sleeping dogs lie
"Chemen bouton se chemen maleng."

Light gains make a heavy purse
"Piti piti fè lonè prezidan."

Lightning never strikes twice in the same place

"Chak jou pa Dimanch."

Little brooks make great rivers
"Piti piti fè lonè prezidan."

Little thieves are hanged, but great ones escape
"Pitit malere malelve, pitit granèg malapri."

Live within your means
"Kroke makout ou kote men ou ka rive."

Living from hand to mouth
"Bat dlo pou fè bè."

Look before you leap
"File kouto, men veye dwèt ou."
"Mezire avan ou koupe."

Love is blind
"Lanmou pa konn dèyè pyese."

Love laughs at locksmiths
"Lanmou pa gen baryè."

Make a mountain out of a molehill
"Byen mal pa lanmò."

Make hay while the sun shines
"Fè zanmi ak kouto anvan zabriko mi."

Many hands make light work

"Men anpil chay pa lou."

Measure thrice before you cut once
"Mezire avan ou koupe."

Meet one's maker
"Ale nan peyi san chapo."

Memory fades
"Memwa se paswa."

Might is right
"Ravèt pa janm gen rezon devan poul."

Mind one's own business
"Bèf pou wa, savann pou wa, ya demele yo."
"Se mèt kò ki veye kò."
"Zafè kabrit pa zafè mouton."

Money burns a hole in one's pocket
"Lajan nan pòch pa fè pitit."

Money talks
"Lajan kase ròch."

Necessity is the mother of invention
"Malfini manke poul, li pran pay."

Never quarrel with your bread and butter
"Se lèt mwen vini bwè, mwen pa vini konte vo."

No good deed goes unpunished
"Gran mesi chen se kout baton."
"Rann sèvis mennen chagren."
"Se bon kè krapo ki fè li san tèt."

No matter how high a bird flies, it has to come down for water
"Nanpwen kavalye ki pa janm tonbe."

No pain, no gain
"Chimen bezwen pa janm long."

No use locking the stable door after the horse has bolted
"Se pa lè kabrit fin pase pou ou rele fèmen baryè."

Not to know someone from Adam
"Mwen pa konnen li ni an pent ni an penti."

Nothing is impossible
"Nanpwen maladi ki pa gen remèd."
"Nanpwen mòn Jezi pa deplase."

Nothing risked, nothing gained
"Chemen lajan pa gen pikan."

Old friends and old wine are best
"Pa jete vye chodyè pou chodyè nèf."

Old habits die hard
"Abitid se vis."

Once bitten, twice shy
"Chat ki chode pè menm dlo frèt."

One man's food is another man's poison
"Lanmò bourik ranje chen."
"Sa ki pa bon pou sak, ou ka bay makout li."

One swallow does not make a summer
"Pati bonè pa di konn chimen."

Opportunity makes a thief
"Chen bwè ze pa kite metye."

Out of the frying pan and into the fire
"Kouri pou lapli pou al tonbe nan gran rivyè."

Paddle one's own canoe
"Vante tèt li."

Patience is a virtue
"Avèk pasyans, ou kapab wè tèt foumi."

Pennies become dollars
"Anpil ti patat fè chay."

Phony as a three-dollar bill
"Bonjou li pa la verite."

Pigs get fat, hogs get slaughtered
"Anvi tout, pèdi tout."

Rob Peter to pay Paul
"Dekouvri Sen Pyè pou kouvri Sen Pòl."

Pride comes before all
"Chat mande swe, lage chen dèyè li."

Save a thief from the gallows, and he will cut your throat
"Ou monte makak voye ròch, premye moun li kase tèt se ou."

Seek and ye shall find
"Jan chèche jan trouve."
"Mache chèche pa domi san soupe."

Self praise is half slander
"Sèl pa vante tèt li di li sale."

Scratch my back and I'll scratch yours
"Moun ki swè pou ou se pou li ou chanje chemiz."

Sickness comes in haste and goes at leisure
"Maladi veni sou chwal, men li kite a pye."

Silence is golden
"Je wè, bouch pe."

Sorry does not make it better
"Padon pa geri maleng."

Spare the rod, spoil the child
"Chen pa janm mòde piti li jis nan zo."
"Kote pa gin sitirèz, pa gin volè."

Speech is silver, but silence is golden
"Lang pa lanmè, men li ka neye ou."

Spread onself too thin
"Pipi gaye pa fè kim."

Squeaky heels get the grease
"Pitit ki pa kriye pa bezwen tete."

Squeeze blood out of a turnip
"Bat dlo pou fè bè."
"Fè san soti nan ròch."

Sticks and stones may break my bones but words will never hurt me
"Konstitisyon se papye, bayonèt se fè."

Still waters run deep
"Dlo ou pa pè se li ki pote ou ale."

Stretch your arm no farther than your sleeve
"Kroke makout kote men ou ka rive."

Strike while the iron is hot
"Bat fè a pandan li cho."

The apple does not fall far from the tree

"Kalbas pa donnen joumon."
"Pitit tig se tig."
"Joumou pa donnen kalbas."

The beard does not make the philosopher
"Pale fransè pa di lespri."

The nail in the coffin
"Dènye kou ki touye koukou."

The one with the gold makes the rule
"Gran nèg se leta."

The pot calling the kettle black
"Anvan ou ri moun bwete, gade jan ou mache."

The strong prey on the weak
"Dan pouri gen fòs sou banann mi."

The tip of the iceberg
"Ou wè mare chwal, mare bourik pi rèd."
"Sa se trokèt la, men chaj la."
"Kite kantik pran priyè."

There are two sides to every story
"Fòk de klòch sonnen pou konn verite."

There is no honor among thieves
"Volè pa janm renmen volè parèy li."

There is more than meet the eye

"Dèyè mòn gen mòn."

There is no smoke without fire
"Lafimen pa leve san dife."

This is where the rubber meets the road
"Se pa dan kap grennen se sousi kap kontre."

To each its own
"Tout boutèy gen bouchon li."

To thread lightly
"Lè ou nan mitan dyab ou kenbe kiyè ou kout."
"Mache sou pinga ou, pou ou pa pile si ou te konnen."

Too many cooks spoil the broth
"Chwal ki gen dis mèt mouri nan poto."

Trust but verify
"Tande ak wè se de."

Two can play that game
"Byen jwenn byen kontre."

Waste of time
"Se lave men, siye atè."

Watch your six
"Koukou wè lwen, men li pa wè deyè tèt li."

What does not kill you makes you stronger
"Sa ki pa touye ou, li angrese ou."

What happens to the turkey can happen to the rooster too.
"Kote yo ap plimen kodenn, poul pa ri."
"Sa ki rive koukouloulou a, ka rive kakalanga tou."

What is good for the goose is good for the gander
"Baton ki bat chen blan, lap bat chen nwa a tou."
"Yon jou pou chasè, yon jou pou jibye."

When it rains, it pours
"Devenn se pian."
"Lè ou gen devèn, lèt kaye kase tè ou."

When pigs fly
"Lè ti poul fè dan."

When the cat is away, the mice will play.
"Lè chat pa la, rat bay kalinda."
"Larouze fè banda tout tan solèy poko leve."

When the well is dry, you know the worth of water.
"Se lè voryen pa la, ou wè sa voryen vo."

Where there is smoke there is fire
"Fòk gen maladi pou gen lanmò."

Women are like wine, they get better with time
"Fanm se kajou: plis li vye, plis li bon."

You can cheat a man one time, but you can't cheat all men all the times
"Kay koule twompe solèy men li pa twompe lapli."

You can lead a horse to water, but you can't make him drink
"Mennen koulèv lekòl pa anyen, se fè li chita ki rèd."

You cannot take it with you.
"Kòfrefò pa swiv kòbya."

You get what you pay for
"Mezi lajan ou, mezi wanga ou."

You reap what you sow
"Jan ou bat tanbou a, se konsa ou danse."
"Sa ou plante se li ou rekòlte."

You shall eat the fat of the land
"Se grès kochon an ki kwit kochon an."

PART II:
HAITIAN CREOLE - ENGLISH
Haitian Creole Idioms
"Pwovèb Kreyòl"

Abitid se vis
"Old habits die hard."

Ale nan peyi san chapo
"Cash in one's chips."
"Meet one's maker."

An afè pa dòmi di
"Sleep with your eyes open."

Anba levit fè nwa
"Behind closed doors."

Anbisyon touye rat
"All covet, all lose."

Anpil ti patat fè chay
"Pennies become dollars."

Antre nan batay san baton
"Failing to prepare is preparing to fail."

Anvan ou ri moun bwete, gade jan ou mache
"The pot calling the kettle black."

Anvi tout, pèdi tout

"Pigs get fat, hogs get slaughtered."

Aprè bal, tanbou lou
"After the feast comes the reckoning."

Aprè dans, tanbou lou.
"After the feast comes the reckoning."

Atansyon pa kapon
"Better be safe than sorry."

Avan chen manje zo, li mezire machwè li
"Do not bite off more than you can chew."

Avèk pasyans ou kapab wè tèt foumi
"Patience is a virtue."

Bat chen an tan mèt li
"Do the crime, pay the time."

Bat dlo pou fè bè
"Squeeze blood out of a turnip."
"Bleed oneself white."

Bat fè a pandan li cho
"Strike while the iron is hot."

Bat men akouraje chen
"Add fuel to the fire."

Baton ki bat chen blan, lap bat chen nwa a

"What's good for the goose is good for the gander."

Bay piti pa di chich
"It is the thought that counts."

Bay yo galeri yo pran lasal
"Give someone an inch and they will take a mile."

Bèf ki gen ke long pa janbe dife
"If you cannot stand the heat, stay out of the kitchen."

Bèf pa janm di savann mèsi
"A kick in the teeth."

Bèf pou wa, savann pou wa, ya demele yo
"Mind one's business."

Bèl dan pa vle di zanmi
"All that glitters is not gold."

Bèl lantèman pa vle di paradi
"All that glitters is not gold."

Bèl pawòl pa vle di verite
"All that glitters is not gold."

Bondye bon
"God Willing."

Bondye konn bay li pa konn separe
"God never sends mouths but He sends meat."

Bondye pouse mouch pou bèf san ke
"God will make a way."

Bonjou li pa la verite
"Baldfaced liar."
"Phony as a three-dollar bill."

Bouch granmoun santi, men sa li di se verite
"To speak of words of wisdom."

Bouch manje tout manje, men li pa pale tout pawòl
"Bite your tongue."

Bouche nen ou pou ou bwè dlo santi
"Bend over backwards."
"Bitter pill to swallow."

Bourik chaje pa kanpe
"Busy bee."

Bourik fè pitit pou do li poze
"Honor your mother and father."

Bourik toujou aji bourik
"A hog in satin is a hog no less."

Bout kouto miyò pase zong
"Better late than never."

Bwè dlo nan vè, respekte vè
"Give honor when honor is due."

Byen jwenn byen kontre
"Two can play that game."

Byen mal pa lanmò
"Make a mountain out of a molehill."

Byen prè pa lakay
"A miss by an inch is a miss by a mile."

Byen prese pa fè jou louvri
"All things come to those who wait."

Chak jou pa Dimanch
"Lightning never strikes twice in the same place."

Chak kochon gen samdi pa li
"All must come to an end."

Chak koukouj klere pou je li
"Every man for himself."

Chanje mèt, chanje metye
"Different strokes for different folks."

Chat kay kap manje pay kay
"It is an inside job."

Chat ki chode pè menm dlo frèt

"Once bitten, twice shy."

Chat mande swe, lage chen dèyè li
"Pride comes before all."

Chay sot sou tèt li tonbe sou zepòl
"It is an inside job."

Chemen bouton se chemen maleng
"Let sleeping dogs lie."

Chemen lajan pa gen pikan
"Nothing risked, nothing gained."

Chen bwè ze pa kite metye
"Opportunity makes a thief."

Chen grangou pa jwe
"A hungry man is an angry man."

Chen ki jape pa mòde
"All bark no bite."
"Barking dogs seldom bite."

Chen pa janm mòde piti li jis nan zo
"Spare the rod, spoil the child."

Chimen bezwen pa janm long
"No pain, no gain."

Chita pa bay

"Idle hands are the devil's tools."

Chwal ki gen dis mèt mouri nan poto
"Too many cooks spoil the broth."

Dan pouri gen fòs sou banann mi
"The strong prey on the weak."

Danmijann poko plen, boutèy paka jwenn
"Charity begins at home."

De kou nan bouda bourik la, de kou nan sakpay la
"Blow hot and cold."

De mèg pa fri
"Hedge your bets."

De pi li chat li resi pran nan pèlin
"Get what is coming to one."

Dekouvri Sen Pyè pou kouvri Sen Pòl
"Rob Peter to pay Paul."

Dènye kou ki touye koukou
"The nail in the coffin."
"The straw that broke the camel's back."

Devenn se pian
"When it rains, it pours."

Dèyè mòn gen mòn

"There is more than meet the eye."

Diab pa pè diab
"It takes one to know one."

Dlo lacho blanch, men li pa lèt pou sa
"Do not take any wooden nickles."

Dlo ou pa pè, se li ki pote ou ale
"Still waters run deep."

Doktè pa janm trete tèt li
"He who represents himself has a fool for a client."

Dwèt ou santi ou paka koupe li jete
"Do not throw out the baby with the bath water."

Espwa fè viv
"Hope springs eternal."

Evite miyò pase mande padon
"Better be safe than sorry."

Evite pa kapon
"Better be safe than sorry."

Fanm se kajou: plis li vye, plis li bon
"Women are like wine, they get better with time."

Fè san soti nan ròch
"Bleed oneself white."

"Squeeze blood out of a turnip."

Fè zanmi ak kouto anvan zabriko mi
"Make hay while the sun shines."

File kouto, men veye dwèt ou
"Look before you leap."

Fiyèl mouri, makomè kaba
"A friend in need is a friend indeed."

Fòk de klòch sonnen pou konn verite
"There are two sides to every story."

Fòk gen maladi pou gen lanmò
"Where there is smoke there's fire."

Fòk ou pase maladi, pou konn remèd
"Experience is the best teacher."
"Experience is the father of wisdom."

Fòk ou konnen la pou ou ale la.
"Knowledge is power."

Gen bab pa vle di granmoum pou sa
"All that glitters is not gold."

Gen devenn
"Bad break."

Genyen figi di

"Be long in the tooth."

Genyen kè nan men
"Be big hearted."

Genyen twòp machinn dèyè nòs ou
"Have several irons in the fire."

Genyen kè sere
"A lump in one's throat."

Gran mesi chen se kout baton
"No good deeds go unpunished."

Gran Nèg se leta
"The one with the gold makes the rule."

Gwo tèt pa lespri
"All that glitters is not gold."

Gwo van ti la pli
"All bark no bite."
"All hat no cow."

Jan cheche jan trouve
"Seek and ye shall find."

Jan li pase li pase
"Come what may."

Jan ou bat tanbou, se konsa nou danse

"You reap what you sow."

Je wè bouch pe
"Silence is golden."

Joumou pa donnen kalbas
"The apple does not fall far from the tree."

Kabrit pa mare nan pikèt bèf
"Do not step into a great man's shoes."

Kalbas gran bouch pa kenbe dlo
"Even a fish wouldn't get caught if he kept his mouth shut."

Kalbas pa donnen joumon
"The apple does not fall far from the tree."

Kase fèy kouvri sa
"Bury the hatchet."

Kay koule tronpe solèy men li pa ka tronpe lapli.
"You can cheat someone sometimes but you cannot cheat all people all the time."

Kòfrefò pa swiv kòbya
"You cannot take it with you."

Kòmansman chante se soufle
"The first is the hardest."

Konstitisyon se papye, bayonèt se fè
"Deeds are fruits, words are but leaves."

Kote fil fini, se la kouti fini
"Cut your coat according to the cloth."

Kote ki pa genyen sitirèz pa genyen volè
"Spare the rod, spoil the child."

Kote ki gen chèn pa gen kou
"Get the short end of the stick."

Kote yo ap plimen kodenn, poul pa ri
"What happens to the turkey can happen to the rooster too."

Koulèv ki vle gwo rete nan trou li
"A penny saved is a penny earned."

Kouri pou lapli pou al tonbe nan gran rivye
"Out of the frying pan and into the fire."
"Jump from the frying pan into the fire."

Kout manchèt nan dlo pa kite mak
"Confess and be hanged."

Krapo fè kòlè li mouri san dèyè
"Anger without power is folly."

Kreyòl pale, kreyòl konprann
"Crystal Clear."

Kroke makout kote men ou ka rive
"Live within your means."
"Stretch your arm no farther than your sleeve."

Lafimen pa leve san dife
"There is no smoke without fire."

Lagè avèti pa touye kokobe
"A man warned is half saved."

Lajan al kay lajan
"Birds of a feather flock together."

Lajan fè chen danse
"Cash is king."

Lajan fè nèg monte maswife
"At all costs."

Lajan kase wòch
"Money talks."

Lang pa lanmè, men li ka neye ou
"Speech is silver, but silence is golden."

Lanmò bourik ranje chen
"One man's meat is another man's poison."

Lanmou pa gen baryè
"Love laughs at locksmiths."

Lanmou pa konn dèyè pyese
"Love is blind."

Lane pase toujou pi bon
"Hindsight is better than foresight."

Larouze fè banda tout tan solèy poko leve
"When the cat is away, the mice will play."

Lasante se pi gwo richès
"Health before wealth."

Lè chat pa la, rat bay kalinda
"When the cat is away, the mice will play."

Lè marengwen ap vole, ou pa konn kilès ki fi, kilès ki gason
"A pebble and a diamond are alike to a blind man."
"By candlelight every country wench is handsome."

Lè ou ap neye, ou kenbe branch ou jwenn
"A drowning man will clutch at a straw."

Lè ou gen devèn, lèt kaye kase tè ou
"When it rains, it pours."

Lè ou genyen zanmi konnen ou
"In time of prosperity, friends are plenty."

Lè ou nan mitan dyab ou kenbe kiyè ou kout

"To thread lightly."
"To walk on eggshells."

Lè ou pa gen manman ou tete grann
"Desperate times, desperate measures."

Lè ti poul fè dan
"When pigs fly."

Lè yo vle touye chen yo di li fou
"Give a dog a bad name and hang him."

Li nan bòl grès li
"Be on easy street."

Li pa janm twòta pou chen anraje
"It is never too late to learn."

Li paka kase ze
"Butter would not melt in her mouth."

Li se ti Jezi nan po krab
"Butter would not melt in her mouth."

Mache chèche pa domi san soupe
"Idle hands are the devil's tools."
"Seek and ye shall find."

Mache sou pinga ou pou ou pa pile si ou te konnen
"To thread lightly."

Madichon ou bay bèlmè ou se manman ou li rive
"Curses, like chicken, come home to roast."

Makak pa janm kwè pitit li lèd
"Beauty is in the eyes of the beholder."

Makak pa jwe ak tig
"He who is afraid of leaves must not come into wood."

Maladi veni sou chwal, men li kite a pye
"Sickness comes in haste and goes at leisure."

Malè avèti pa touye kokobe
"A stitch in time saves nine."
"Forewarned is forearmed."

Malè pa gen klaksonn
"Accidents happen."

Malfini manke poul, li pran pay
"Necessity is the mother of invention."

Manje ou sere se li ou chofe
"Keep something for a rainy day."

Mapou mouri, kabrit manje fèy li
"Better a live coward than a dead hero."

Matla te di plis pase sa, epi li kite payas
Monte li

"All talk."

Memwa se paswa
"Memory fades."

Men ale, men vini, zanmi dire
"Friendship is a two-way street."

Men anpil chay pa lou
"Many hands make light work."

Mennen koulèv lekòl pa anyen; se fè li chita ki rèd
"You can lead a horse to water, but you can not make it drink."

Merite pa mande
"For the labourer is worthy of his hire."

Mete chat veye bè
"Fox watching the henhouse."

Mete dlo nan divin ou
"Come down a notch."

Mete gason sou ou
"Get a grip on oneself."

Mezi lajan ou, mezi wanga ou
"You get what you pay for."

Mezire avan ou koupe

"Look before you leap."
"Measure thrice before you cut once."

Mizè fè bourik pase pou chwal
"Drastic times call for drastic measures."

Moun ki di men koulèv la, se li ki touye li
"He who holds the ladder is as bad as the thief."

Moun ki manje piti tig pakab dòmi di
"A clean conscience makes a soft pillow."

Moun ki pa manje pou kont li pa janm grangou
"He who gives to another bestows on to himself."

Moun ki swè pou ou se pou li ou change chemiz
"Scratch my back, and I'll scratch yours."

Moun mouri pa konnen valè dra blan
"Do not cry over spilled milk."

Move zèb ka leve toupatou
"Every family has at least one black sheep."
"Every path has a puddle."

Mwen pa konnen li ni an pent ni an penti
"Not to know someone from Adam."

Mwen pa pitimi san gadò
"Bark up the wrong tree."

Nan mitan avèg bògn se wa
"A one eyed man is king among the blind."

Nan peyi pèdi
In the middle of nowhere."

Nan tan grangou patat pa gen po
"Hunger finds no fault with moldy corn."

Nanpwen lapriyè ki pa gen Amèn
"All must come to an end."

Nanpwen cho ki pa vin frèt
"All must come to an end."

Nanpwen kavalye ki pa janm tonbe
"No matter how high a bird flies, it
has to come down for water."

Nanpwen maladi ki pa gen remèd
"Nothing is impossible."

Nanpwen mòn Jezi pa deplase
"Nothing is impossible."

Nèg di san fè
"Actions speak louder than words."

Ou kouche sou do bèf la, wap pale li mal
"Bite the hand that feed you."

Ou monte makak voye ròch, premye moun li kase tèt se ou
"Save a thief from the gallows, and he will cut your throat."

Ou tande bèf ale wè kòn
"All bark no bite."
"All hat no cow."

Ou wè mare chwal, mare bourik pi rèd
"The tip of the iceberg."
"The worst has yet to come."

Pa achte chat nan makout
"Buyer beware."
"Caveat Emptor."

Pa jete vye chodyè pou chodyè nèf
"Old friends and old wine are best."

Pa fouye zo nan kalalou
"Curiosity kills the cat."

Pa konnen pa ale lajistis
"Hear no evil, see no evil, speak no evil."

Pa mete tèt chen sou zòrye
"Do not cast your pearls before swine."

Pa pèdi founo pou yon sèl pen
"Do not throw out the baby with the bath water."

Pa pran kakapoul pou ze
"Do not pee on my leg and tell me it is raining."

Pa pran Nanna pou Sizann
"Do not pee on my leg and tell me it is raining."

Pa tann se lè dòmi nan je ou pou ou ale tann nat ou
"Do not put off for tomorrow what can be done today."

Padon pa geri maleng
"Sorry does not make it better."

Pale fransè pa di lespri
"The beard does not make the philosopher."

Pati bonè pa di ou konn chimen pou sa
"One swallow does not make a summer."

Pipi gaye pa fè kim
"Spread onself too thin."

Piti piti fè lonè prezidan
"Light gains make a heavy purse."
"Little brooks make great rivers."

Pitit ki pa kriye pa bezwen tete
"Squeaky heels get the grease."

Pitit malere malelve, pitit granèg malapri

"Little thieves are hanged, but great ones escape."

Pitit tig se tig
"The apple does not fall far from the tree."

Pito dlo a tonbe, kalbas pa kraze
"A bad bush is better than the open field."

Promès se dèt
"All promises are either broken or kept."

Pye kout pran devan
"A stitch in times saves nine."
"Forewarned is forearmed."

Rache manyòk bay tè a blanch
"Beat it!"

Rad pa janm fè moun
"Clothes do not make the man."

Rann sèvis mennen chagren
"No good deed goes unpunished."

Ravèt pa janm gen rezon devan poul
"Might is right."

Sa chat konnen, se sa li montre pitit li
"As is the gardener so is the garden."

Sa je pa wè, kè pa tounen

"A little knowledge is a dangerous thing."
"Ignorance is bliss."

Sa ki pa bon pou sak, ou ka bay makout li
"One man's food is another man's poison."

Sa ki fè ou cho a lap fè ou frèt
"Hasty climbers have sudden falls."

Sa ki pa touye ou, li angrese ou
"What does not kill you makes you stronger."

Sa ki rive koukouloulou a, ka rive kakalanga tou
"What happens to the turkey can happen to the rooster too."

Sa ou pa konnen pi gran pase ou
"Knowledge is power."

Sa ou plante se sa ou rekòlte
"You reap what you sow."

Sa ou tap chèche anlè an ou jwen li atè
"Get a break."

Sa se jwèt ti moun
"It is a piece of cake."

Sak ki fè ou cho lap fè ou frèt
"Ask for trouble."

Sak nan bouch pa konte, se sak nan vant ki konte
"A bird in the hand is better than two in the bush."

Sak vid pa kanpe
"A hungry man is an angry man."
"Hungry people can not be entertained."

Santi bon koute chè
"Cost an arm and a leg."

Se bon kè krapo ki fè li san tèt
"No good deed goes unpunished."

Se dènye kou ki touye koukou
"Last straw that broke the camel's back."

Se grès kochon an ki kwit kochon an
"You shall eat the fat of the land."

Se kòkòt ak figaro
"Cut from the same cloth."

Se lave men siye atè
"Waste of time"

Se lè fiyèl mouri pou wè si li te genyen bon marenn
"A friend in need is a friend indeed."

Se lè kabrit fini pase wap rele fèmen baryè
"No use locking the stable door after the horse has bolted."

Se lè voryen pa la ou wè sa voryen vo
"When the well is dry, you know the worth of water."

Se lèt mwen vi bwè mwen pa vinn konte vo
"Never quarrel with your bread and butter."

Se mèt kò ki veye kò
"Mind one's own business."

Se pa tout chen ki jape ou pou ou vire gade
"Do not stop and kick at every dog that barks at you."

Se pa yon sèl jou bouch bezwen manje
"Do not look a gift horse in the mouth."

Se soulye ki konnen si chosèt gen twou
"He bears misery best hides it most."

Sèl pa vante tèt li di li sale
"Self praise is half slander."

Si bòt la twò jis pou ou, mache pye atè
"Drastic times call for drastic measures."

Si chen rakonte ou sa li wè, ou pap janm mache nannwit
"A man too careful of danger lives in continual torment."

Si mwen te konnen toujou dèyè
"Hindsight is better than foresight."

Si ou kouche ak chen lap jete pis so ou
"If you lie down with dogs, you will get up with fleas."

Si ou tande kout pete bourik ou pral touye li ak chaj
"All bark no bite."
"All hat no cow."

Sonje lapli ki leve mayi ou
"Do not bite the hand that feeds you."

Sòt ki bay, inbesil ki pa pran
"A fool and his money are soon parted."

Tanbou prete pa janm fè bon dans
"He that goes borrowing, goes for a sorrowing."

Tande ak wè se de
"Trust but verify."

Tèt li byen plase sou de zepòl li
"Have one's head over one's shoulders."

Ti bwa ou pa wè a, se li ka pete je ou
"A small leak can sink a great ship."

Ti chen gen fòs devan kay mèt li

"A bully is always a coward."

Ti kou ti kou bay lanmò
"A small leak can sink a great ship."

Ti mapou pa grandi anba gwo mapou
"Avoid stepping into a great man's shoes."
"Do not step into a great man's shoes."

Tout bèt jennen mòde
"Even a worm will turn."
"Any strained animal will bite."

Twò prese pa fè jou louvri
"All things come to those who wait."

Twò prese fè ou bo sou nen
"Haste makes waste."

Vant plen pa gwòs
"All that glitters is not gold."

Vante tèt li
"Paddle one's own canoe."

Volè pa janm renmen volè parèy li
"There is no honor among thieves."

Vwazinaj se dra blan
"A good neighbor, a found treasure!"

Wè pa wè antèman pou katrè
"Come hell or high water."

Wòch nan dlo pa konn doulè wòch nan solèy
"Do not judge someone until you have walked a mile in their shoes."

Yo pou piyay
"A dime a dozen."

Yo se lèt ak sitron
"Bad blood between them."

Yo rele chen papa pou zo
"Every man has his price."

Yon jou pou chasè, yon jou pou jibye
"What is good for the goose is good for the gander."

Yon sèl dwèt pa manje kalalou
"In unity there is strength."

Zafè kabrit pa zafè mouton
"Mind one's own business."

Ze ki kale twò bonè, ti poul la pap viv
"Early ripe, early rotten."

Zwazo gra pa chante, se zwazo mèg ki chante
"An empty barrel rattles the loudest."

www.ingramcontent.com/pod-product-compliance
Lightning Source LLC
LaVergne TN
LVHW051512070426
835507LV00022B/3073